Philippe Schuwer et Dan Grisewood

ont créé cette collection.

Dominique Joly, historienne, a écrit ce livre.

Odette Dénommée a coordonné l'édition.

Anne Boyer a dirigé les illustrateurs :

Simone Boni, Paolo Csabianca, Francesca D'Ottavi, Louis R. Galante,

Marc Lagarde, Florence Mc Kenzie, Barry Mitchell,

Lorenzo Pieri, François Pichon, Paola Ravaglia, Étienne Souppart, Valérie Stetten,

et a réalisé la maquette.

Anne Maignant a recherché la documentation,

assistée de Diane Ladjouzi.

Annie Botrel a assuré la fabrication,

Françoise Moulard et Françoise Mousnier la correction.

MA PREMIÈRE ENCYCLOPÉDIE

LAROUSSE - 17, RUE DU MONTPARNASSE - 75298 PARIS CEDEX 06

Distributeur exclusif au Canada :
Messageries ADP, 1751 Richardson, Montréal.
ISSN : en cours d'attribution.
ISBN 2-03-651810-9
Photogravé par Goustard, Paris.
Imprimé par G. Canale & C. S.p.A., Turin
Dépôt légal : septembre 1993

651810-08
Imprimé en Italie (Printed in Italy)
10073303 (I) 12 (CSBTS 170) février 2000

L'Histoire

LAROUSSE

L'histoire étudie le temps passé. Ce mot vient de la langue grecque. Il veut dire “enquête”. Comme des détectives, les historiens examinent tous les indices, armes, monuments, textes… pour reconstituer la vie des hommes qui les ont précédés.

FRAGILE

Entrons dans ce livre

LA PRÉHISTOIRE

L'ANTIQUITÉ

LE MOYEN ÂGE

AUTOUR DU MONDE

L'ÉPOQUE MODERNE

La Préhistoire

Les premiers hommes

Il y a plus de 4 millions d'années, les premiers hommes apparaissent sur la Terre.
Peu à peu, ils se redressent et apprennent à se tenir debout.

Ils utilisent leurs mains pour fabriquer des outils en pierre. Ils vivent nus et dorment la nuit dans un abri.
En groupes, ils s'organisent pour rechercher leur nourriture dans la nature sauvage.

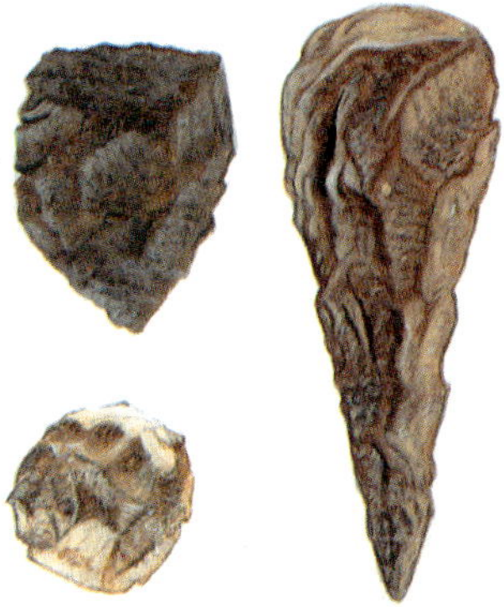

Les premiers outils

Des armes pour chasser

En découvrant l'usage du feu, les hommes apprennent à se chauffer, s’éclairer, à cuire leurs aliments et éloigner les animaux féroces. La chasse les occupe beaucoup et les oblige à se déplacer sur de grandes distances. Leurs huttes en bois, recouvertes de peaux de bêtes, sont facilement démontables. Avec l’os, le bois et la pierre, ils fabriquent des outils et des armes de plus en plus efficaces.

Les premiers villages

meule en pierre

hache en pierre polie

bol en terre

Il y a 8000 ans, l'invention de l'élevage puis de l'agriculture bouleversent la vie des hommes. Pour rester près de leurs champs et garder les animaux, ils s'installent et fondent des villages. Leurs maisons, en terre, en bois et en chaume, abritent plusieurs familles.

énormes pierres
disposées
en cercle,
ou cromlech

Ils tissent la laine pour faire leurs habits, fabriquent des pots, des plats en terre et commencent à travailler le métal.
Pourquoi dressent-ils ces immenses pierres que tu peux voir encore aujourd'hui ? Sans doute pour honorer leurs dieux.

Sais-tu que…

On pense que les premiers hommes sont apparus en Afrique, il y a environ 4 millions d'années.

Jamais un homme n'a vu un dinosaure vivant : des millions d'années les séparent !

Une centaine de coups sont nécessaires pour fabriquer une pierre taillée, l'outil à tout faire des hommes préhistoriques.

Les hommes de cette époque sont aussi de grands artistes. Ils gravent, sculptent et peignent des animaux sur les parois des grottes.

Un des premiers animaux domestiqués par l'homme est le chien.

L'Antiquité

L'invention de l'écriture

une des plus anciennes tablettes d'argile

La Mésopotamie, au carrefour de l'Europe et de l'Asie, est baignée par deux fleuves, le Tigre et l'Euphrate. C'est une région très fertile, où le blé pousse bien. Des peuples s'y installent, commercent et s'enrichissent. Sur des tablettes d'argile, les marchands tiennent leurs comptes en gravant des petits signes. C'est ainsi que l'homme invente l'écriture, il y a plus de 5 000 ans. Un nouveau métier apparaît : le scribe, celui qui écrit pour les autres.

Les villes sont entourées de grandes murailles décorées d'animaux, dieux protecteurs de la ville. Tu le vois à droite, à Babylone.

Les Hébreux

Les Hébreux vivent en tribus et quittent la Mésopotamie à la recherche de terres pour s'installer : ce sont des nomades.
Ils vont aller en Égypte, d'où ils repartiront pour fonder, en Palestine, le royaume d'Israël et sa capitale, Jérusalem.

À la différence de tous leurs voisins, les Hébreux n'adorent qu'un seul dieu. Ils transportent avec eux de grandes pierres où sont gravées les lois de leur Dieu.

Ces tables de pierre sont placées dans un coffret de bois précieux appelé l'Arche d'Alliance.

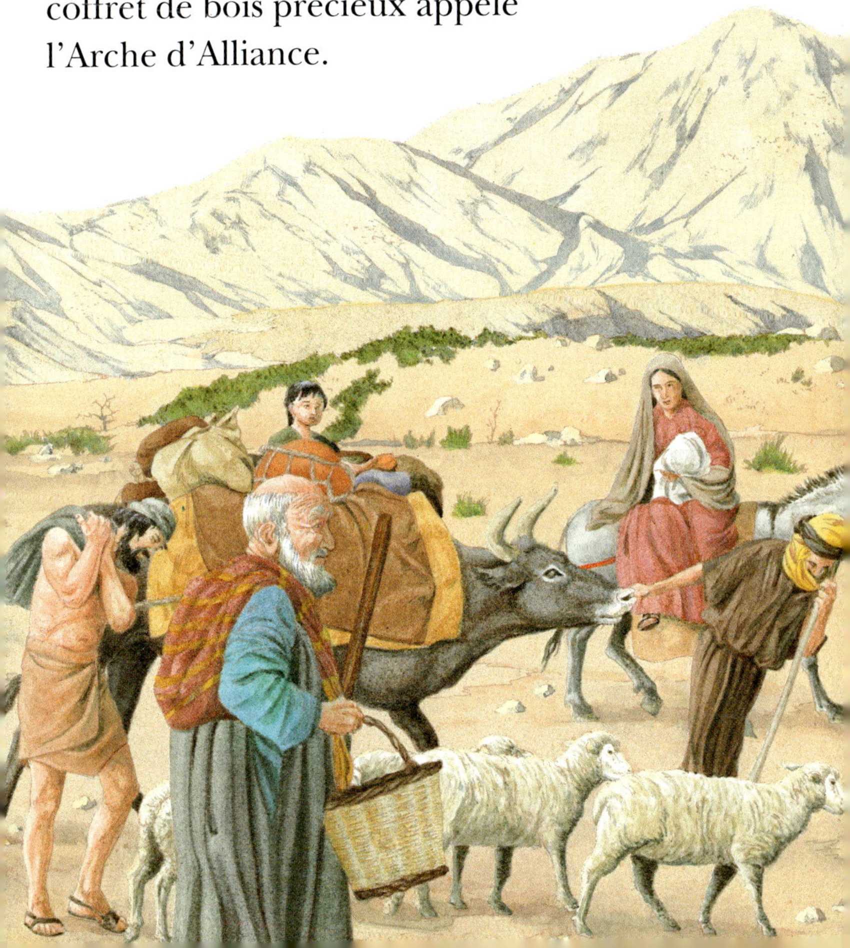

En Inde ancienne

Les habitants de l'Inde n'ont pas tous la même religion. Les hindous, ceux qui pratiquent l'hindouisme, se baignent dans le Gange pour se purifier. Pour eux, ce fleuve est sacré.
Ils viennent aussi adorer leurs dieux dans les temples décorés de nombreuses statues.
Les hindous pensent avoir vécu d'autres vies avant leur naissance.

Le bouddhisme est une autre religion de l'Inde. Il est enseigné par Bouddha, dont le nom veut dire “l'Illuminé”. Par la méditation, Bouddha montre comment on peut atteindre la sagesse. Cette nouvelle religion se répand dans le pays et gagne toute l'Asie du Sud-Est.

En Égypte

L'Égypte est un désert traversé par un immense fleuve, le Nil. Les Égyptiens s'installent sur les rives du Nil. Là, ils cultivent le blé et l'orge, qui servent à préparer le pain et la bière, ainsi que le lin, utilisé pour fabriquer des tissus.

Des bateaux à voiles et à longues rames transportent les hommes et les marchandises. Dans les marais, les oiseaux sauvages sont chassés au boomerang ou à l'arc. C'est là aussi que pousse le papyrus, dont la tige sert à fabriquer du papier. L'Empire égyptien est très puissant pendant près de 3 000 ans.

Le pharaon d'Égypte

Les Égyptiens adorent plusieurs dieux qui sont parfois représentés avec une tête d'animal. Ils pensent que le pharaon, leur roi, est aussi un dieu. Pour lui, ils bâtissent de gigantesques pyramides en pierre ou des tombes creusées dans la montagne. Ils y placent des objets précieux.

Les insignes du pouvoir du pharaon sont le sceptre et le fouet qu'il tient entre ses mains, la fausse barbe attachée à son menton, le vautour et le cobra posés sur son front.

La pyramide de Kheops est la plus haute.

En Grèce

En Grèce, les terres à cultiver sont rares, mais la mer n'est jamais loin ! Très tôt, les Grecs, qui sont de bons marins, partent pour faire du commerce et pour fonder des cités sur les côtes de la Méditerranée.

Ils échangent des produits : du vin, de l'huile, des vases, des bijoux contre du blé, du bois, de l'ivoire...

Il y a 2 500 ans, Athènes est la plus belle des cités grecques. Son temple en marbre, orné de colonnes, se voit de loin !

Les dieux grecs

Pour célébrer Zeus,
le plus puissant des
dieux grecs, des jeux
rassemblent tous les
quatre ans à Olympie les meilleurs athlètes.
Ce sont les jeux Olympiques, qui existent
encore aujourd'hui.
Même des enfants y participent !

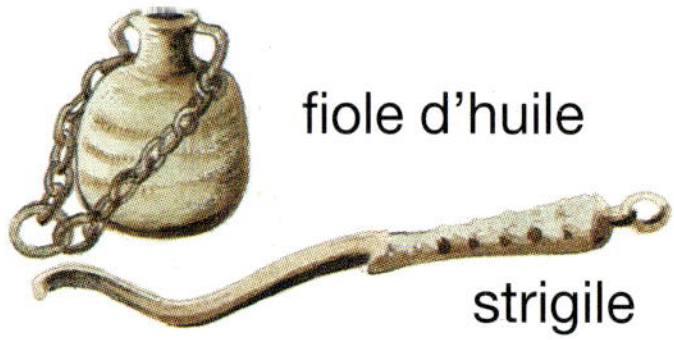

fiole d'huile

strigile

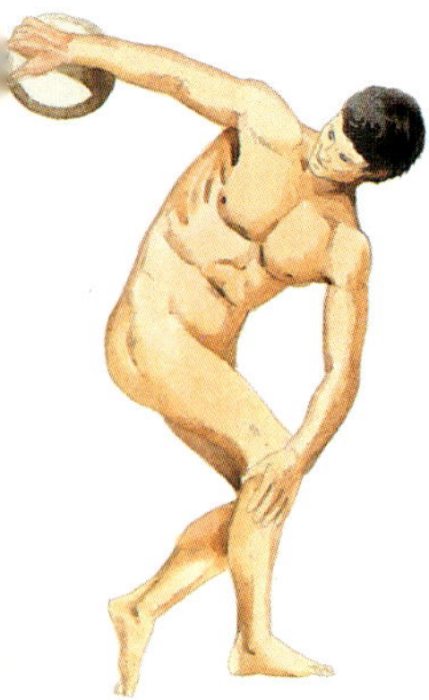

lancer
du disque

Avant l'épreuve,
l'athlète enduit son
corps d'huile.
Après, il le nettoie
en le raclant
avec un strigile.
Une couronne
d'olivier
récompense
le vainqueur.

course
de guerrier en armes

masque

On raconte aussi l'histoire des dieux au cours de spectacles que l'on joue dans des théâtres en plein air.
Les acteurs portent des masques.
Les spectateurs sont assis sur des gradins en pierre.

L'Empire romain

À la tête de ses soldats, le général romain défile dans les rues de Rome pour célébrer ses victoires. Pendant des siècles, l'armée romaine a fait la conquête d'immenses territoires.

La cité de Rome, en Italie, devient le centre d'un grand empire. Pour traverser les provinces et les villes, les Romains construisent de longues routes empierrées. Elles servent au déplacement des soldats, des marchands et des messagers de l'empereur.

La vie à Rome

Voici la ville de Rome : on vient de loin pour l'admirer ! Au centre, la place publique s'appelle le Forum. Elle est bordée de magnifiques monuments : des arcs de triomphe, des temples et des colonnes ornées de statues dorées. C'est le lieu de rencontre des citoyens : ils viennent écouter les discours des hommes politiques et voter les lois.
Dans les cirques ou les amphithéâtres, les Romains assistent à des spectacles qui sont gratuits et durent parfois plusieurs semaines !

Le jeune Romain se lève tôt. Un esclave l'habille.

À l’école, il écrit sur des tablettes de cire.

Il aime jouer au cerceau, à la toupie ou aux osselets.

L’après-midi, il accompagne son père aux bains publics.

Le christianisme

En Palestine, un Hébreu, Jésus de Nazareth, qui sera plus tard appelé le Christ, prêche une nouvelle religion. Il dit aux plus pauvres que tous les hommes sont égaux ; il enseigne l'amour des autres et le pardon des péchés.

Il convertit d'abord ses amis, des bergers, des pêcheurs, des artisans.
Au début, la religion chrétienne est interdite dans l'Empire romain.
Elle est ensuite autorisée et pratiquée par la plupart des habitants.

Les premiers chrétiens se réunissent dehors ou dans des maisons.
Leurs principaux symboles sont la colombe, l'agneau et le poisson.

Sais-tu que…

Les gens riches possèdent des esclaves qui travaillent chez eux. On les achète et on les vend comme de simples marchandises. Parfois, les esclaves se révoltent.

Les Phéniciens ont inventé l'alphabet.

La tombe du pharaon Toutânkhamon a été découverte il y a 70 ans. Aucun voleur ne l'avait pillée. On y a trouvé un trésor fabuleux.

Les premiers jeux Olympiques sont le point de départ du calendrier des Grecs.

Les enfants grecs apprennent à lire en récitant par cœur les phrases de *l'Iliade* et *l'Odyssée*. Ce sont des légendes qui racontent l'histoire des dieux et des héros comme Ulysse.

La Bible est le livre sacré des juifs et des chrétiens. C'est le livre le plus vendu dans le monde.

Le Moyen Âge

Les invasions barbares

Voilà les Barbares ! Les Germains – Vandales, Francs, Alamans – et les Huns. Ils ont fui leur pays et se déplacent à la recherche de terres plus riches pour s'installer. Ils attaquent par vagues les frontières de l'Empire romain. En Europe, c'est le chaos ! Mais, peu à peu, les Barbares se mêlent aux habitants.

Angle

Germains

Ils apportent leurs lois et leurs techniques.
Ils savent travailler le métal et
fabriquer des bijoux.

Un nouveau monde
apparaît.
C'est le début du
Moyen Âge !

L'Empire byzantin

Chassés par les Barbares, les Romains rêvent de reconquérir leur empire. Ils fondent une nouvelle capitale : Byzance, au carrefour de l'Orient et de l'Occident. Et, bientôt, la ville déborde de richesses ! Dans le quartier des artisans, les verriers, les potiers et les orfèvres s'activent.

D'autres tissent, colorent et brodent la soie, que l'on sait maintenant fabriquer comme en Chine.

On surnomme Byzance "la reine des villes". Protégée par une grande muraille, elle abrite des palais impériaux et une église immense coiffée de coupoles. À l'intérieur, les murs sont décorés de mosaïques faites de milliers de cubes de verre coloré.

Les musulmans

De nouveaux envahisseurs arrivent : ce sont les musulmans ! Ces guerriers redoutables viennent d'Arabie. Ils partent à la conquête de nombreux territoires pour convertir les habitants à l'islam, une nouvelle religion enseignée par le prophète Mahomet.

La civilisation arabe est brillante. De belles mosquées, où l'on prie le Dieu Allah, se dressent dans les villes. Des savants, des médecins, des mathématiciens, des astronomes, qui étudient le ciel et les étoiles, ont des connaissances très avancées.

Les Vikings

Dans leurs villages, en Scandinavie, les Vikings préparent des expéditions vers l'Angleterre et la France.
Ils traversent les mers à bord de leurs navires robustes : à l'avant, des dragons en bois sculpté sont là pour effrayer l'ennemi.

Pour s'approcher des habitations, les Vikings tirent leurs bateaux à terre en les traînant sur des troncs d'arbres. Ils mettent le feu aux maisons et pillent les monastères remplis de richesses. Parfois, ils occupent des régions entières. En France, on les appelle les Normands.

une proue de bateau viking

Le château fort

Les seigneurs habitent avec leur famille et leurs soldats dans des châteaux forts qui sont d'abord construits en bois, puis en pierre. Les châteaux forts sont entourés de fossés et protégés par des murailles épaisses. Au sommet des tours, des soldats montent la garde. En cas de danger, les paysans viennent se réfugier dans les châteaux. En échange, ils entretiennent les fossés et les remparts ou coupent du bois.

Les chevaliers

Pour faire la guerre, les puissants seigneurs rassemblent autour d'eux des chevaliers, ces combattants à cheval qui portent une lourde armure en fer. En temps de paix, les chevaliers participent aux tournois pour s'entraîner.

C'est la grande fête au château !

Le futur chevalier apprend à monter à cheval et à tirer à l'arc dès 6 ans. À 18 ans, il prête serment au cours d'une cérémonie.

L’Église

Au Moyen Âge, en Europe, des gens consacrent leur vie à servir la religion chrétienne. Dans les monastères, les moines prient et travaillent. Ils sont presque les seuls à être instruits. Ils apprennent à lire et à écrire aux jeunes enfants. Ils recopient à la main des manuscrits qu’ils décorent avec de belles couleurs : ce sont les livres de l’époque.

Dans les grandes villes, les évêques organisent d'immenses chantiers, qui durent des années, pour construire des églises et des cathédrales.

Les villes

Dans les villes entourées de remparts, presque toutes les maisons sont en bois : elles prennent feu très facilement !
La foule se presse dans les rues étroites et boueuses. Parfois, il est difficile de passer entre les grosses charrettes, les poules ou les cochons. Les boutiques des marchands et des artisans s'ouvrent sur la rue. Les jours de fête, on s'amuse beaucoup ! De joyeux cortèges courent à travers la ville en chantant et en dansant.

Sais-tu que…

Les Barbares ont laissé leurs noms à certains pays d'Europe qu'ils ont envahis : l'Allemagne vient des Alamans, l'Angleterre vient des Angles et la France vient des Francs.

L'armure des chevaliers pèse très lourd : environ 30 kilogrammes. À cela, il faut ajouter le bouclier et l'épée.

À cette époque, il n'y a ni assiettes, ni couteaux, ni fourchettes. Il faut manger avec ses doigts. La nourriture est servie sur de grosses tranches de pain dur.

Les maisons sont très sombres. Les vitres n'existent pas encore. La lumière a du mal à passer à travers les petites fenêtres aux carreaux de papier huilé.

Autour

du monde

Les grands voyages

Depuis toujours, les marins rêvent de traverser les océans. Grâce à la boussole et à des bateaux nouveaux comme la caravelle, ils peuvent s'éloigner des côtes et explorer des routes nouvelles. Sur leur chemin, ils rencontrent des terres inconnues. Christophe Colomb découvre l'Amérique en traversant l'océan Atlantique.

Avant les grandes découvertes, les marins naviguaient à bord de nefs et de caraques.

nef

caraque

La Chine et ses empereurs

L'empereur a fait construire sa nouvelle capitale à Pékin. Il vit, entouré de sa famille et de ses serviteurs, dans un superbe palais dont il ne sort jamais. Les toits du palais sont décorés de dragons.

Dans la ville, les artisans sont au travail.
Ils tissent la soie, peignent de belles porcelaines que les Chinois ont su fabriquer avant tout le monde. Les marchands européens les achètent à prix d'or !

Le Japon des samouraïs

Qui sont ces guerriers cachés par des masques effrayants et protégés par des armures en fer et en cuir ? Ce sont les samouraïs, des chevaliers japonais au service de leurs seigneurs, chefs de clan.

samouraï
en armure

Depuis des siècles, ces guerriers font la loi au Japon. L'empereur, mis à l'écart, n'est pas assez puissant pour les arrêter.
Dans ce pays, l'art de vivre est très raffiné.
Ainsi, boire le thé, écrire des poèmes ou manier le sabre et l'épée sont des cérémonies.

L'Inde et ses empereurs

À la cour des empereurs moghols, en Inde, tout est magnifique ! De belles coupoles coiffent les palais. L'eau des fontaines ruisselle dans les jardins plantés d'arbres fruitiers. Les éléphants, couverts de soieries, font la parade...

L'empereur Akbar gouverne bien son grand pays. Il vit entouré de nombreux artistes : des musiciens, des artisans qui décorent les objets avec du jade ou du cristal. Aux peintres, il commande des peintures très colorées, qui servent à illustrer des poèmes ou des récits. On les appelle des miniatures.

Le royaume du Bénin

Le Bénin est l'un des royaumes africains les plus puissants.
Le roi, adoré comme un dieu, a tous les pouvoirs et possède toutes les terres du pays.
Pendant la saison des cérémonies, qui dure trois mois, le roi sort accompagné de ses chefs.
Il porte son costume royal : une robe, une coiffe et des colliers en perles de corail.

Dans l'Arctique

Au nord de l'Amérique et au Groenland, des peuples peu nombreux se sont installés au bord des côtes depuis des siècles.
Avec leurs petits bateaux, des kayaks faits de peaux cousues, ils chassent le morse et surtout le phoque pour se nourrir.

Avec la fourrure du phoque, ils font des vêtements. En hiver, ils s'abritent dans des igloos construits avec des blocs de neige empilés les uns sur les autres. On y entre par un petit couloir en rampant. Ils se déplacent sur des traîneaux tirés par des chiens.

Les Aztèques

Au moment où les Européens arrivent en Amérique, ils découvrent des peuples qui y vivaient déjà depuis très longtemps : les Mayas, les Incas... Au Mexique vivaient les Aztèques. Leur capitale, Tenochtitlan, était riche et immense.

Au centre, dans les temples en forme de pyramide, les prêtres organisent de grandes cérémonies pour les dieux.
Ils apprennent aussi aux jeunes enfants l'écriture, l'astronomie, la médecine et la musique.

Les Polynésiens

Les Polynésiens sont de grands marins. Ils sillonnent l'immense océan Pacifique pour explorer des îles nouvelles et s'y installer. À bord de leurs catamarans, qui portent des voiles en feuilles de palmier tressées, ils n'ont peur de rien. Ils se repèrent en observant la forme des vagues, le sens du vent et le déplacement des poissons.

visage tatoué
de guerrier
polynésien

Sais-tu que…

Christophe Colomb n'a jamais su qu'il avait découvert l'Amérique. Il était persuadé qu'il était aux Indes, en Asie. C'est pourquoi, il a appelé “Indiens” les peuples qu'il a rencontrés.

Les explorateurs rapportent d'Amérique des plantes inconnues en Europe, comme le maïs, la pomme de terre, le cacao, la tomate, le tabac…

Tenochtitlan s'appelle aujourd'hui Mexico. Au 16e siècle, elle était la plus grande ville du monde, avec ses 700 000 habitants.

Jacques Cartier pense qu'il a trouvé un nouveau chemin pour aller aux Indes.
Il découvre le Canada en 1534.

L'époque

moderne

La Renaissance

Au 16e siècle, brusquement, tout va très vite. Les navigateurs découvrent des terres inconnues et les inventions se multiplient. Les hommes ont l'impression que le monde renaît. C'est pourquoi ils appellent cette époque la Renaissance.

En Italic, lcs princes et les riches marchands paient des artistes pour embellir leurs palais de peintures et de sculptures. Partout en Europe, les idées nouvelles se répandent vite, car on vient d'inventer l'imprimerie, qui permet de fabriquer des livres par milliers !

Des rois en Europe

Des rois et des reines gouvernent les pays d'Europe. Ils sont choisis dans de grandes familles et se succèdent souvent de père en fils.

Élisabeth Ire
reine
d'Angleterre

La couronne et le sceptre représentent leur pouvoir royal. Le roi vit avec sa famille et, à ses côtés, s'agite une foule de serviteurs, de conseillers et d'invités : c'est la cour.

Philippe II
roi d'Espagne

À partir de la Renaissance, les rois d'Europe se font construire de magnifiques châteaux entourés de grands jardins. À Versailles, le château de Louis XIV est le plus somptueux ! On y donne des fêtes splendides, avec des feux d'artifice, des ballets ou des opéras : rien n'est trop beau pour la gloire des rois !

Louis XIV
roi de France

En Russie

Moscou est la capitale d'un grand territoire : la Russie. Au cœur de la ville, dans le Kremlin, sont regroupés les plus beaux monuments : le palais du prince, des églises surmontées de petits clochers dorés.

Dans chaque quartier, entouré de remparts, les habitants vivent dans des maisons en rondins de bois. Ils doivent prendre garde au feu, qui enflamme souvent la ville entière !
Dans les rues enneigées, on se déplace en traîneau et les chariots roulent sur des chaussées en bois.

En Australie

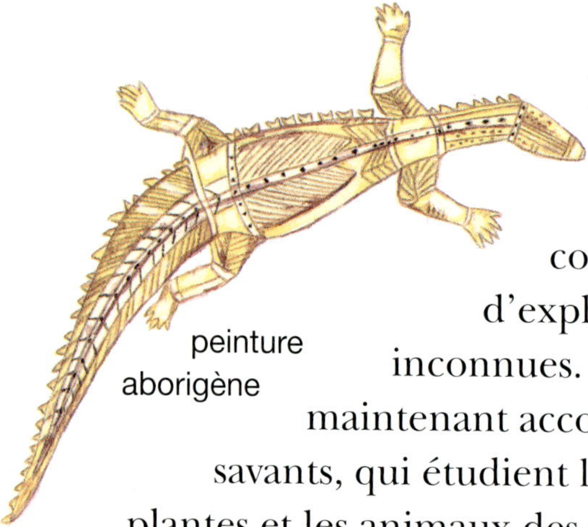

De grands navigateurs européens continuent d'explorer des terres inconnues. Ils sont maintenant accompagnés de savants, qui étudient les peuples, les plantes et les animaux des pays découverts, comme Tahiti ou l'Australie.

Les aborigènes vivent depuis très longtemps en Australie. Regroupés par tribus, ils chassent pour se nourrir. Souvent, ils chantent et dansent au son d'une longue flûte en bois.

Les nouveaux Américains

Depuis la découverte de l'Amérique, beaucoup d'Européens quittent leur pays pour s'installer sur ce nouveau continent.

En Amérique du Nord arrivent des Hollandais, des Allemands et des Français. Mais les Anglais sont les plus nombreux.
Le long de la côte, ces pionniers défrichent des terres pour les cultiver et pratiquent le commerce des fourrures avec les Indiens. Dans chaque village, ils construisent des maisons en bois autour d'une église et d'une école.

Les États-Unis

Les colons d'Amérique du Nord ne souhaitent plus être gouvernés par le roi d'Angleterre.
Ils veulent devenir indépendants.
En jetant à la mer le chargement d'un navire anglais, ils donnent le signal de leur révolte !

Après quelques années de guerre, les Anglais sont vaincus et un nouveau pays naît. Il s'appelle les États-Unis d'Amérique et rassemble 13 États. Plus tard, il y en aura beaucoup plus. Sur le nouveau drapeau, chaque étoile représente un État. Dans tout le pays, on fête la victoire !

L'esclavage

En Amérique, là où les Européens se sont installés, on a besoin d'hommes pour cultiver le coton, le riz, le tabac et la canne à sucre. Des marchands européens organisent un horrible commerce. En Afrique, ils entassent des Noirs dans des bateaux et les vendent comme esclaves en Amérique.

Les esclaves ne sont pas libres : ils appartiennent à leur maître, un propriétaire d'un grand domaine qui peut les revendre comme de simples marchandises. Leur travail est très dur.

Pendant plusieurs siècles, des millions d'Africains quittent de force leur pays natal. C'est pour cette raison qu'il existe une population noire en Amérique.

La Révolution française

En 1789, en France, la colère du peuple gronde. Les caisses de l'État sont vides, les impôts sont payés par les moins riches, et le roi ne veut rien changer.
Le 14 juillet, à Paris, le peuple prend les armes et attaque la forteresse de la Bastille : c'est la Révolution ! En quelques années, tout est bouleversé. Il n'y a plus de roi ; la liberté et l'égalité pour tous sont proclamées.

Sais-tu que...

Léonard de Vinci est le plus grand savant de la Renaissance. Il est à la fois peintre, sculpteur, architecte, mathématicien et chimiste. Son tableau le plus célèbre s'intitule *la Joconde*. On peut l'admirer au musée du Louvre, à Paris.

En 1626, un Hollandais achète l'île de Manhattan à des Indiens et fonde une ville qu'il appelle La Nouvelle-Amsterdam. Plus tard, cette ville est cédée aux Anglais et prend le nom de New York.

Dès l'âge de six ans, Mozart est invité par les rois et les princes d'Europe pour jouer du clavecin. À douze ans, il compose son premier opéra.

En trois siècles, les navires ont transporté 20 millions d'esclaves de l'Afrique vers l'Amérique. Au 19e siècle, l'esclavage est interdit et les esclaves deviennent libres.

Le temps

des usines

La vapeur et le charbon

L'homme a inventé la machine à vapeur. Comme il faut beaucoup de charbon pour la faire marcher, des mineurs descendent au fond des mines pour en extraire. On y envoie même des enfants, qui sont assez petits pour se glisser dans les galeries. À la surface, des femmes trient le charbon.

Le travail est épuisant et parfois même dangereux : les ouvriers travaillent souvent plus de 14 heures par jour !

Ils vivent dans des petites maisons sans confort alignées le long des rues près de la mine.

Les premiers trains

C'est en Angleterre qu'est né le chemin de fer. Les premières locomotives marchent à la vapeur, elles avancent sur des rails en fer et tirent derrière elles des wagons de marchandises et des wagons de voyageurs.

Aux États-Unis, le chemin de fer permet aux habitants de traverser ce grand pays, de découvrir et d'exploiter des richesses comme l’or et le pétrole.

chercheur d'or

Les pionniers

Les pionniers quittent leurs villes et partent à la découverte de nouvelles terres à l'Ouest des États-Unis. Ils voyagent avec leur famille dans des chariots de bois, tirés par des bœufs ou des chevaux.

Mais, avant qu'ils ne s'installent sur des terres fertiles, bien des dangers les guettent : le froid, la faim, la soif.
Les Indiens attaquent parfois les pionniers, car ils veulent défendre les terres où ils vivent depuis toujours en tribus.

L'automobile et l'avion

Encore plus vite et toujours plus loin ! Après la machine à vapeur, l'homme invente le moteur à essence, qui permet aux voitures de rouler et aux avions de voler.

Au début, on fait démarrer les voitures avec une manivelle. Elles n'ont ni toit ni pare-brise et, dans les côtes, on est parfois obligé de descendre pour les pousser ! L'invention des pneus en caoutchouc les rend plus confortables. Elles peuvent même foncer à 130 kilomètres à l'heure !

Dans les airs, on commence à voir des avions. Ils survolent d'abord les champs, puis traversent les mers et les océans. Les premiers avions sont en bois et en toile. Il faut lancer leur hélice pour les faire démarrer.

Le confort et la santé

Dans les pays où le progrès technique et économique se développe, les gens vivent mieux.
L'école est obligatoire.
Les enfants apprennent à lire, à écrire, à compter.

Dans certaines maisons, il y a l'eau courante et le gaz à tous les étages. L'électricité éclaire, chauffe, fait marcher les appareils ménagers... Le téléphone permet de communiquer à distance. Les gens se réunissent et écoutent la musique grâce au phonographe et à la radio.

La médecine aussi fait de grands progrès. Des vaccins, comme le B.C.G., sont inventés pour protéger des maladies.

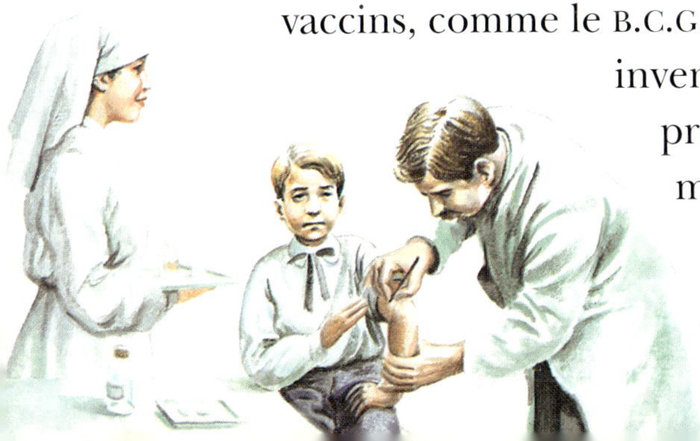

Les révolutions

Les ouvriers profitent peu du progrès. Souvent le chômage, les accidents et les maladies les menacent. Dans certains pays, ils s'unissent et font la grève pour avoir de meilleures conditions de travail et de vie.

D'autres veulent aller plus loin et changer la société : renverser les dirigeants pour fonder une société plus juste et égale pour tous.
En Russie, une révolution éclate.
Les communistes dirigent le pays. Ils décident que les terres et les usines appartiennent à tout le monde.

Deux guerres mondiales

À deux reprises, en 1914 et en 1939, deux guerres déchirent les principaux pays du monde. Elles causent la mort de millions d'hommes.

Des astronautes ont marché pour la première fois sur la Lune en 1969. Aujourd'hui, on prépare une grande expédition vers la planète Mars. Au 21e siècle, des gens habiteront sans doute dans des stations spatiales ! Feras-tu partie du voyage ?

Le progrès technique

Inventer, c'est ce que les hommes savent le mieux faire. Depuis la préhistoire et le premier outil en pierre, les découvertes et les inventions se sont succédé pour transformer leur vie.

Aujourd'hui, des trains traversent les pays à toute allure et des avions vont d'un bout à l'autre du monde. Les ordinateurs et les robots facilitent le travail et font gagner beaucoup de temps. Dans les pays riches, l'an 2000 est déjà là !

Le nouvel ordre mondial

Depuis 1945, il existe un endroit où des gens de tous les pays du monde peuvent se rencontrer. C'est l'assemblée de l'O.N.U., l'Organisation des Nations unies. Elle cherche à maintenir la paix dans le monde, aide aussi les pays les plus pauvres à développer l'éducation des enfants et à améliorer la santé. L'O.N.U. défend avant tout les droits de l'homme et ceux de l'enfant pour qu'ils soient respectés.

Quelques dates

LA PRÉHISTOIRE

AVANT JÉSUS-CHRIST

4 MILLIONS	Apparition des premiers hommes
950 000	Ère paléolithique (de la pierre taillée) : outils en pierre bois, en os
450 000	L'homme devient maître du feu.
33 000	Ère néolithique (de la pierre polie) : les outils se perfectionnent.
8000	Fondation des premiers villages

L'ANTIQUITÉ

AVANT JÉSUS-CHRIST

VERS 3500	Invention de l'écriture en Mésopotamie
3200–750	Apogée de l'Empire égyptien
2723–2563	Construction des pyramides d'Égypte
1010–970	Les Hébreux fondent le royaume d'Israël.
776	Création des jeux Olympiques en Grèce
VERS 528	Bouddha prêche le bouddhisme en Inde.
5e SIÈCLE	Apogée de la civilisation grecque : construction du Parthénon à Athènes
DE 27 AV. J.-C. À 476 APR. J.-C.	Durée de l'Empire romain
VERS 28	Jésus de Nazareth prêche le christianisme.

LE MOYEN ÂGE

3e – 6e SIÈCLE	Les invasions barbares en Europe
867–1057	Apogée de l'Empire byzantin
8e–11e SIÈCLE	Expéditions des Vikings vers l'Europe

11e–13e SIÈCLE	Construction des grandes cathédrales
11e–14e SIÈCLE	Le temps des chevaliers
1325–1521	La civilisation aztèque au Mexique

L'ÉPOQUE MODERNE

15e–16e SIÈCLE	La Renaissance en Europe
VERS 1415	Pékin devient la capitale de la Chine.
1492	Christophe Colomb découvre l'Amérique.
1527	Début du règne des empereurs moghols en Inde. Akbar règne de 1556 à 1605.
1542	Exploration du Japon par les Portugais
1642–1644	Tasman découvre le continent australien.
17e SIÈCLE	Apogée du royaume du Bénin (Afrique)
1661–1715	Le roi Louis XIV règne en France.
1721	Pierre le Grand fonde l'Empire russe.
1769	Invention de la machine à vapeur
1783	Indépendance des États-Unis d'Amérique
1789	Révolution française : prise de la Bastille le 14 juillet 1789

L'ÉPOQUE CONTEMPORAINE

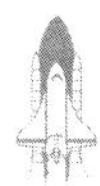

18e–19e SIÈCLE	La révolution industrielle en Europe
DÉBUT 19e SIÈCLE	La conquête de l'Ouest commence.
1885	Première vaccination contre la rage par Louis Pasteur
1914–1918	Première Guerre mondiale
1939–1945	Seconde Guerre mondiale
1969	Premiers pas de l'homme sur la Lune
1989	L'O.N.U. adopte la Convention sur les droits des enfants.

Cherchons de A à Z

La conquête de l’espace

À la fin du 20e siècle, l’homme réalise un grand rêve : quitter la Terre et explorer l’Univers. Les premières fusées voyagent dans l’espace. Elles lancent des satellites qui survolent la Terre et permettent de communiquer d’un point à l’autre du globe, de téléphoner ou d'assister à des événements en direct à la télévision.

Aujourd'hui

Sais-tu que…

Les Indiens d'Amérique se peignent le visage pour repousser les mauvais esprits et faire peur à leurs ennemis. Le rouge est la couleur de la guerre.

La tour Eiffel, construite en 1889 à Paris, est haute de 300 mètres et pèse 9 700 tonnes. Les 15 000 pièces en fer qui la composent sont assemblées par 10 050 846 rivets : un Meccano géant !

Le savant américain Thomas Edison était sourd. C'est peut-être pour cette raison qu'il inventa le phonographe, qui reproduit les sons, et le microphone, qui amplifie la voix dans le téléphone. On lui doit aussi une très grande invention : l'ampoule électrique.

On a appelé chauffeurs les conducteurs des toutes premières automobiles qui marchaient à la vapeur. Ils devaient faire chauffer l'eau du moteur avant de démarrer.